Herbert Friedmann
wurde 1951 in Groß-Gerau geboren und lebt heute als freier Schriftsteller in der Nähe von Darmstadt. Der mit dem Hans-im-Glück-Preis ausgezeichnete Autor ist ein vielseitiger Schriftsteller, der für den Egmont Franz Schneider Verlag Mädchen- und Sportbücher schreibt.

Herbert Friedmann

Heimspiel für den Libero

Die Deutsche Bibliothek – CIP-Einheitsaufnahme

Friedmann, Herbert:
Heimspiel für den Libero / Herbert Friedmann. – München :
Egmont Schneider, 1999
   (Der Dribbel-Club ; Bd. 7)
   ISBN 3-505-11079-5

Dieses Buch wurde auf chlorfreies,
umweltfreundlich hergestelltes
Papier gedruckt. Es entspricht den
neuen Rechtschreibregeln.

Der Schneider Verlag im Internet:
http://www.schneiderbuch.de

© 1999 by Egmont Franz Schneider Verlag GmbH
Schleißheimer Straße 267, 80809 München
Alle Rechte vorbehalten
Titelbild und Vignetten: Bernhard Förth
Umschlaggestaltung: ART-DESIGN Wolfrath, München
Lektorat: Iris Praël
Herstellung/Satz: Gabi Lamprecht
Schrift: 13˙ URW BaskerT Wid
Druck: Presse-Druck, Augsburg
Bindung: Conzella Urban Meister, München-Dornach
ISBN 3-505-11079-5

Inhalt

Extratraining für Rasenschoner	9
Auswärtsspiel mit Pannen	24
Zwölf sind einer zu viel	39
Gnade für den Dribbel-Club	51
Der Kopfschüttler gesteht alles	66
Die Flügelzange	80

Extratraining für Rasenschoner

„Auswärtssieg! Auswärtssieg!", brüllte Achmed.

Dabei hüpfte der Mittelfeldspieler vom SV Wasserfeld auf und ab wie ein Gummiball.

Jan, Alex, Christian, Patrick und Achmed tauschten Unser-Dribbelwunder-ist-durchgeknallt-Blicke aus. Es dauerte eine Weile, bis Achmed sich wieder beruhigt hatte.

„Können wir jetzt endlich trainieren?", fragte Alex und guckte wie ein strenger Lehrer.

Die Mitglieder des Dribbel-Clubs hatten sich auf dem Hartplatz des SV Wasserfeld versammelt. Es war Alex' Idee gewesen, ein Sondertraining anzusetzen. Denn in zwei

Wochen würden sie zum ersten Mal um Punkte kicken: in einem Auswärtsspiel gegen Eintracht Beerfurth!

„Auswärtssieg! Auswärtssieg!", fing Achmed wieder an.

„Was soll'n der Quark?", fauchte Jan.

„Mensch, seid ihr Trantüten!", sagte Achmed. „Versteht ihr keinen Spaß mehr? *Auswärtssieg* fordern die Fans von ihrer Mannschaft bei einem Auswärtsspiel. Ist doch logisch, oder?"

„Ohne Training kein Sieg!", stellte Alex fest. Er fügte traurig hinzu: „Schade, dass niemand von den anderen zum Training gekommen ist ..."

Damit waren die restlichen D-Junioren-Kicker vom SV Wasserfeld gemeint, mit denen die Dribbel-Club-Kids in einem Team spielten.

„Ich dachte, wir wären jetzt eine echte Mannschaft", sagte Christian. Der Torhüter schob das Schild der Baseball-Mütze nach hinten.

„Dann fangen wir halt ohne die an", drängte Patrick.

„Ein Match!", schlug Jan vor. Am liebsten rannte er dem Ball hinterher. Der Umgang mit dem runden Leder war seiner Meinung nach das beste Training für einen Fußballer.

Alex war natürlich anderer Meinung. Für jedes Match machte er genaue Pläne und erfand neue Spielzüge. Deshalb hatte er auch jetzt gleich eine ausgefallene Idee: „Am besten knackt man eine Abwehr mit einer Flügelzange."

„Okay", meinte Achmed mit einem breiten Grinsen. „Mein Vater hat in seinem Döner-Laden bestimmt eine Zange für Geflügel und so. Die kann ich ja dann mit nach Beerfurth bringen. Damit zwicke ich den Beerfurthern in den Hintern …"

Alle lachten, nur Alex zog ein Zitronengesicht und erklärte umständlich, dass er es ganz anders gemeint hatte. Und weil ihm niemand folgen konnte, malte er mit einem Stock in die rote Asche. Erst zog er die Linien des Spielfeldes, dann machte er vier kleine Kreuze: Tormann und vier Abwehrspieler. Die Verteidiger standen in einer Reihe vor dem Tor.

„Wenn wir in so einem Fall durch die Mitte stürmen würden, kämen wir nicht durch", behauptete Alex. „Deshalb müssen wir sie über die Flügel in die Zange nehmen. Also müssen links und rechts die Flügel besetzt werden. Dadurch wird die Abwehr auseinander gezogen. Die Flügelspieler schlagen die Flanken, und die Spieler in der Mitte schießen die Tore."

„Cool!", rief Patrick. „Ich frage mich nur, warum der Trainer der Nationalmannschaft noch nicht auf diese Idee gekommen ist."

Alex zuckte die Achseln: „Wir schlagen Flanken …" Er schnappte sich den Ball, warf ihn Achmed zu und wählte ihn zum ersten Flankengeber.

Achmed stoppte das Leder mit der Brust und kickte es lustlos mit der Pike weg.

Alex wollte aufbrausen.

„Pssst!", zischte Achmed und legte den Zeigefinger auf die Lippen. Er spähte angestrengt in Richtung Rasenplatz, der von einer hohen Hecke umschlossen war. Alle folgten seinem Blick.

„Mensch, da kicken welche!", flüsterte Christian.

„Scheint so", sagte Patrick ebenfalls im Flüsterton.

Alex gab Jan in der Zeichensprache zu verstehen, er solle rüber zum Rasenplatz gehen.

Jan verstand die Aufforderung, hatte aber keine Lust. Mit seinen neun Jahren war er zwar das jüngste Mitglied des Dribbel-Clubs, aber noch lange nicht der Laufbursche. Er verschränkte die Arme und stierte in den wolkenverhangenen Himmel.

„Okay, wir gehen alle", lenkte Alex schließlich ein.

Christian klemmte den Ball unter den Arm. Schweigend legten sie die knapp dreihundert Meter zurück.

Jan kapierte nicht, warum sie sich wie Indianer auf dem Kriegspfad verhielten. Kurz vor der Hecke stimmte er den Schlachtruf an: „Auswärtssieg! Auswärtssieg!"

„Pssst!", zischte Alex vergebens.

„Auswärtssieg!" Achmed klatschte dreimal in die Hände.

Dann brüllten alle: „Auswärtssieg ..." Grölend und klatschend stiefelten sie durch den Torbogen neben dem Kassenhaus. Alex trabte mit verkniffenem Gesicht hinterher, blieb stehen und hockte sich in Höhe der Mittellinie ins Gras. Rechts von ihm kickte der Rest der D-Junioren vom SV Wasserfeld: Pit, Aldo, Lars, Marius, Nicky, Dragan. Sogar die Ersatzspieler Felix und Roby beteiligten sich an dem Match.

Die zukünftigen Auswärtssieger zogen um den Platz und wurden von ihren Mannschaftskameraden begafft. Achmed führte inzwischen den Zug an und steuerte auf ein Tor zu. Sie reihten sich an der Linie auf und zeigten die La-Ola-Welle.

„Habt ihr einen Sprung in der Schüssel?", fragte Dragan.

„Training für das Auswärtsspiel", sagte Achmed.

„Training im Kopf", ergänzte Christian und tippte sich gegen den Hinterkopf.

Dragan nickte verständig: „Und ich dachte, wir machen zusammen …", er suchte nach dem passenden Wort, „… ein Extratraining. Oder?"

„Logisch", rief Jan.

Die anderen traten hinzu. Auch Alex verließ seine Schmollecke. Aber er war immer noch sauer und ließ es die anderen merken.

„Wir wollten uns doch auf dem Hartplatz treffen", maulte er.

„Hartplatz? Du tickst nicht richtig", schimpfte Lars. „Ich habe keine Lust, mir blutige Knie zu holen!"

„Genau!", meinte auch Aldo.

„Aber wir dürfen nicht auf den Rasen!", platzte Alex heraus. „Der Boden soll geschont werden …"

Die anderen lachten ihn aus.

Alex senkte den Blick.

Niemand vom Dribbel-Club sprang ihm zur Seite. Im Gegenteil. Auf einmal wollten sie auch keine Rasenschoner sein. Patrick fand es sogar „uncool", auf einem Ascheplatz zu kicken. Alex gab sich geschlagen.

„Wir spielen auf ein Tor", schlug Jan vor. „So schonen wir ja die eine Hälfte des Rasens. Und in der Halbzeit wechseln wir und schonen die andere Hälfte."

„Und wer spielt nun gegen wen?", quakte Christian.

„FC Rasenschoner gegen Fortuna Ascheplatz", kreischte Patrick und entlockte damit sogar Alex ein Lächeln. Er und Dragan wählten die Mannschaften. Sie behielten die Spaßnamen. Beim FC Rasenschoner kickten: Alex, Jan, Pit, Aldo, Patrick und Roby. Fortuna Ascheplatz trat mit Dragan, Lars, Marius, Achmed, Nicky und Felix an.

„Die Mannschaft, die zuerst zehn Tore schießt, hat gewonnen", sagte Alex.

Die anderen waren einverstanden.

Christian stellte sich zwischen die Pfosten und drosch das Leder fast bis zum Anstoßkreis. Jan war zuerst am Ball. Noch ehe er ihn stoppen konnte, wurde er von Felix und Marius bedrängt. Felix war der glückliche Sieger des Dreikampfs und spielte nach links zu Achmed. Aldo stellte sich ihm in den Weg. Achmed schlug einen Haken und ließ Aldo ins Leere laufen. Patrick überrannte er mühelos. Und Roby stolperte über seine eigenen Beine, als er Achmeds Alleingang bremsen wollte.

„Flanken!", rief Alex.

Achmed legte sich den Ball vom linken auf den rechten Fuß. Das Leder segelte in den Strafraum und landete auf Jans Stirn. Mit einem wuchtigen Kopfstoß erzielte er das 1:0 für den FC Rasenschoner.

Da Alex in derselben Mannschaft spielte, hätte er allen Grund gehabt, sich zu freuen. Aber er war schon wieder am Meckern.

„So geht das nicht", sagte er.

„Haben wir den Rasen nicht genug geschont?", spottete Dragan.

Alex ließ sich nicht verspotten. Gelassen erklärte er: „Achmed hat geflankt. Jan hat das Tor geköpft …"

„Abseits?", warf Aldo vorsichtig ein.

Alex schüttelte den Kopf: „Jan spielt bei dem Trainingsmatch beim FC Rasenschoner. Achmed bei Fortuna Ascheplatz …"

Dragan schnippte aufgeregt mit den Fingern. Anscheinend hatte er den Durchblick.

„Wir müssen doch auf zwei Tore spielen!", posaunte er. „Weil … weil wenn wir auf ein Tor spielen …", er legte die Stirn in Falten, „… dann schlägt einer die tollen Flanken, und ein Spieler, der gar nicht zur Mannschaft gehört, macht die Tore!"

Das leuchtete allen ein. Christian wurde zum Keeper der Rasenschoner bestimmt. Felix sollte für die Fortunen den Kasten sauber halten.

Die Fortunen durften anstoßen. Dragan spielte das Leder zu Lars, der zu Achmed passte. Achmed kickte zurück zu Marius, der wieder zu Dragan. Sie wurden bei dem Ballgeschiebe kaum gestört.

Jan hatte genug. Er stürzte sich blitzartig auf den ballführenden Spieler. Dragan drehte sich und schirmte das Leder mit dem Körper ab. Er verlor dabei den Blick für den Nebenspieler und gab blindlings ab. Die Pille landete bei Aldo.

Jan lief sich auf halbrechts frei und wurde von Aldo angespielt. Jan schlug einen Pass in den freien Raum.

Patrick startete durch. Es dauerte vier, fünf Meter, bis er auf Touren kam. Mit hauchdünnem Vorsprung gewann er den Wettlauf gegen Lars. Patrick legte sich den Ball vor, tankte sich an Marius vorbei in den Strafraum und zog ab.

Die Lederkugel knallte gegen die Querlatte und prallte zu Jan. Statt sofort abzuziehen, stoppte er das Leder mit dem Innenrist und wurde von Marius angegriffen. Er täuschte nach links und wollte rechts vorbeiziehen. Marius ließ sich nicht austricksen, eroberte das Leder und schlug es ins Aus.

Gerade wollte Jan einwerfen, als Herr Speckstein seinen Kugelbauch über den Rasen schob. Er riss Jan den Ball aus den Händen und sagte mit seiner piepsigen Stimme: „Könnt ihr nicht lesen?"

Niemand beantwortete die Frage. Der Platzwart zeigte auf ein mickriges Schild, das neben der Tür zu den Umkleidekabinen angebracht war: *Rasen betreten verboten!*

„Das haben wir nicht gesehen", sagte Dragan.

„Ist euch der Hartplatz nicht gut genug?", wollte Herr Speckstein wissen.

„Zu hart", witzelte Patrick.

„Wir machen ein Extratraining, weil wir bald ein Auswärtsspiel haben", erklärte Alex.

„Dann will ich mal nicht so streng sein", sagte Herr Speckstein. Er lief mit dem Ball zum Elfmeterpunkt. „Wer geht ins Tor?"

Christian hob die Hand. Schließlich war er der anerkannte Tormann der Wasserfelder D-Junioren. Aber ein bisschen Schiss hatte er schon. Wenn Speckstein so wuchtig schoss, wie er gebaut war, würden ihm die Fäuste davonfliegen.

Der Platzwart legte sich die Kugel zurecht. Christian stellte sich ins Tor und spuckte in die Handschuhe. Herr Speckstein nahm Anlauf, traf aber nicht den Ball. Sein rechter Schuh flog aufs Tor zu.

Christian ging in Deckung. Zwanzig Zentimeter vor der Linie landete der Schuh im Gras. Der Platzwart bekam einen roten Kopf. Sein Meisterschuss wurde beklatscht.

„Ihr seid ja gut drauf!" Thomas Reichert stieg vom Fahrrad und stellte es hinter dem Tor ab. Der jugendliche Trainer des SV Wasserfeld brachte dem Platzwart den Schuh. Herr Speckstein verdrückte sich grummelnd.

„Das Training beginnt doch erst in einer halben Stunde", sagte der Trainer. „Oder geht meine Uhr verkehrt?" Er hielt die Armbanduhr gegen das Ohr.

„Extratraining", sagte Alex.

„Weil wir doch bald unser erstes Punktspiel haben", griente Jan.

„Auswärtssieg!", rief Achmed.

„Ein Unentschieden wäre auch nicht schlecht", meinte Thomas Reichert.

„Wir trainieren jetzt jeden Nachmittag", sagte Alex.

Diese Mitteilung löste bei Thomas Reichert keinen Jubel aus. Er ermahnte die Jungen, bei allem Eifer nicht die Hausaufgaben zu vergessen. Als zukünftiger Lehrer musste er das wohl sagen.

„Und man kann sich auch übertrainieren", warnte er.

„*Übertrainieren* ist gut", kreischte Patrick und wollte sich fast kringelig lachen.

„Das stimmt", sagte Alex mit ernster Miene. „Ich habe darüber mal was in einer Fußballzeitung gelesen. Übertrainieren ist dasselbe wie sich überfressen."

„Unser Fußballprofessor", spöttelte Patrick.

Die Bemerkung klang aber gar nicht gemein. Alex empfand es als Anerkennung.

Der Trainer klatschte in die Hände und rief: „Das Match geht weiter!"

„Auswärtssieg!", johlte Achmed. Alle stimmten ein, sogar Thomas Reichert. Nur Jan fiel auf, dass sie von einem Mann beobachtet wurden. Er stand hinter dem gegenüberliegenden Tor, trug einen grauen Anzug, eine schwarze Sonnenbrille und schüttelte andauernd den Kopf.

Als das Spiel von Thomas Reichert angepfiffen wurde, stapfte der Kopfschüttler davon. Anscheinend handelte es sich nicht um einen Fußballfan.

Auswärtsspiel mit Pannen

Am folgenden Nachmittag machten die Freunde vom Dribbel-Club noch einen Abstecher ins Jugendzentrum *Muskelkater*. Sie wollten Buddy Kluge, dem Leiter des Treffs, das Plakat für ihr „großes" Spiel zeigen.

„Sieht gut aus", meinte Herr Kluge anerkennend.

„Können wir das Teil hier irgendwo aufhängen?", fragte Alex.

„Selbstverständlich", meinte der Betreuer. „Wer von den Dribbel-Kids war denn der Künstler?"

Alle schauten zu Achmed. Von ihm stammte die Idee für das Plakat.

*Der Dribbel-Club lädt ein zum
D-Junioren Meisterschaftsspiel:
Eintracht Beerfurth – SV Wasserfeld
Anstoß: 14 Uhr 30*

Achmed hatte die Buchstaben mit schwarzer Farbe auf einen roten Karton gemalt. Die Fußbälle, mit denen er den Text umrahmt hatte, waren ein bisschen eckig geraten.

„Am besten hängen wir es draußen an die Tür", schlug Buddy Kluge vor. Er holte Klebeband aus seinem Büro.

„Sieht cool aus", meinte Patrick hinterher.

„Fahren Sie auch mit?", fragte Achmed den Jugendbetreuer.

Herr Kluge nickte. „Wie kommt ihr eigentlich nach Beerfurth?", wollte er auf einmal wissen.

„Mit unserem Mannschaftsbus", antwortete Alex.

„Stimmt, ihr habt ja einen eigenen Bus", sagte Buddy Kluge. „Wie echte Profis …"

„Es steht sogar *Dribbel-Club* drauf", erklärte Christian mit eifriger Stimme. „Jedenfalls auf der einen Seite. Auf der anderen steht: *D-Junioren SV Wasserfeld* …"

„Und auf der Rückseite heißt es: *Yüksel-Döner macht das Leben schöner*", ergänzte Achmed.

„Stimmt, dein Vater hat ja den Bus für den Verein gekauft", erinnerte Herr Kluge sich. „Hoffentlich …"

Er sprach den Satz nicht zu Ende, weil auf einmal Harry und Tim hereinplatzten. Die beiden Fußballer vom Birkenweg, die nun beim SV Rasensport spielten, lachten schallend.

„Darf man mitlachen?", fragte Herr Kluge.

„10:0!", gackerte Harry. „Finde ich echt stark, dass ihr schon vorher das Ergebnis auf euer komisches Plakat geschrieben habt …"

Die Kids vom Dribbel-Club flitzten vor die Tür und staunten. Eine große schwarze Zehn und eine kleine fette Null verunzierten ihren Aushang: *10:0 für Eintracht Beerfurth*.

„Das waren bestimmt Harry und Tim!",
donnerte Achmed.

Schnurstracks marschierten sie ins *Muskelkater* und stellten die mutmaßlichen Plakatschmierer zur Rede.

„Ihr tickt ja nicht richtig", entgegnete Harry.

„Piep, piep, piep", flötete Tim.

Alle schauten zu Buddy Kluge und hofften, er würde den Fall klären. Er wandte sich an Harry und sagte: „Die Umstände sprechen gegen dich und Tim. Aber man darf niemand vorschnell verurteilen. Wenn ihr sagt, ihr seid es nicht gewesen, dann will ich euch glauben."

„Ehrenwort", sagte Harry.

„Genau", unterstrich Tim und drehte sich zu Patrick. „Frag doch mal deinen großen Bruder."

„Wieso soll ich Martin fragen?", ächzte Patrick.

„Weil der gerade mit Katrin weggelaufen ist, als wir ankamen", erzählte Tim.

„Ach, die Verliebten", spöttelte Patrick.

„Verliebten ist alles zuzutrauen", wusste Herr Kluge.

Jan war der Gedanke peinlich, dass seine große Schwester Katrin an der Schmiererei beteiligt sein sollte. Möglich war es. Jedenfalls waren Harry und Tim aus dem Schneider.

Zu Hause stellte Jan die Schwester zur Rede. Aber Katrin kicherte bloß und gab keine vernünftige Antwort.

„Also doch", sagte Jan erbost. „Und was sollte der Quatsch?"

„Es war doch nur Spaß", prustete Katrin. „Und natürlich soll es euch anspornen, dass ihr nicht verliert!"

„Blöde Ziege", brummelte Jan und hätte sich fast eine Ohrfeige eingefangen. In letzter Sekunde zog er den Kopf weg und flüchtete in sein Zimmer. Katrin bekam einen Fuß zwischen die Tür, ehe er absperren konnte. Das Telefon läutete. Katrin rannte sofort in die Diele.

„Viele Grüße an den Blödmann", rief Jan.

Natürlich war der Anruf für seine Schwester. Obwohl sie und Martin sich jeden Tag nach der Schule trafen, telefonierten sie auch noch stundenlang miteinander.

Jan packte seine Tasche und radelte los zum letzten Training vor dem Meisterschaftsspiel.

„Geht's gut?", empfing der Trainer die Spieler, die vollzählig erschienen waren. Er zeigte ein paar Aufwärmübungen, die jeder mit großem Ernst ausführte.

„Das reicht", sagte Thomas Reichert nach etwa zehn Minuten. Er verteilte Bälle. Jeder sollte kreuz und quer dribbeln.

„Stopp!", rief der Trainer auf einmal. Er winkte sie zu sich. Im Halbkreis hockten sie sich ins Gras und schauten zu ihm hinauf.

„Scheint so, dass jeder von euch heute eine superschlechte Note bekommen hat", sagte er.

„Wir hatten heute gar keine Schule, weil zwei Lehrer krank geworden sind", sagte Achmed lachend.

„Dann verstehe ich nicht, warum ihr euch wie die letzten Trauerklöße bewegt", meinte der Trainer. „Oder sollte ich statt Trauerklöße besser Hosenschisser sagen? Kann es sein, dass ihr schon vor dem Spiel gegen Beerfurth die Hosen voll habt?"

Anscheinend hatte Thomas Reichert ins Schwarze getroffen. Dreizehn D-Junioren rutschten unruhig hin und her. Alex hob schließlich die Hand wie in der Schule und sagte: „Wir wollen uns halt nicht blamieren. Vielleicht haben wir deshalb …"

„Schiss!", sprach der Trainer das Wort aus. „Okay, dann sage ich das Spiel ab. Denn Hosenschisser und Angsthasen brauchen gar nicht erst nach Beerfurth zu fahren. Die haben nämlich schon verloren.

Kürzlich habt ihr doch noch von einem Auswärtssieg getönt …"

Achmed lachte leise. Auch die Mienen der anderen hellten sich auf.

„Ich höre nichts", sagte Thomas Reichert. Er hielt die Hand an sein Ohr.

„Auswärtssieg", fing Achmed zaghaft an.

„Ich höre nichts", wiederholte der Trainer.

„Auswärtssieg! Auswärtssieg …" Alle sprangen auf und brüllten, so laut sie konnten. Thomas Reichert schwang die Arme wie ein Dirigent.

In der Nähe des Vereinsheims schlich wieder der rätselhafte Kopfschüttler herum, den Jan schon einmal gesehen hatte.

Ein Spion, den Eintracht Beerfurth geschickt hat, schoss es Jan durch den Kopf.

„Und jetzt spielen wir Treibball", verkündete der Trainer.

Hinter den Grenzlinien des Mittelkreises standen auf jeder Seite die Mannschaften, die Thomas Reichert bestimmt hatte. Jeder Spieler bekam einen Ball. Auf dem Anstoßpunkt lag ein Medizinball. Durch gezielte Schüsse musste er über die gegnerische Grenzlinie getrieben werden.

Keine der beiden Mannschaften kam zu einem Vorteil. Trotzdem hatten alle ihren Spaß. Dreizehn traurige Angstschisser verwandelten sich in fröhliche Himmelsstürmer. Das gefiel dem Trainer. Nach einer Verschnaufpause gab er die Mannschaftsaufstellung bekannt. Sie setzte sich wie folgt zusammen:

Tor: Christian
Abwehr: Pit, Aldo, Lars, Alex
Mittelfeld: Marius, Achmed, Jan, Nicky
Sturm: Dragan, Patrick
Ersatzspieler: Felix, Roby

„Irgendwelche Einwände?", fragte der Trainer am Schluss.

Alex hob zögernd die Hand. „Ist dann die Abwehr eine Viererkette?", wollte er wissen und bekam die Antwort, die er sich erhofft hatte: Er durfte als „Ballabsauger" vor der Abwehr spielen. Im Mittelfeld sollten Achmed und Jan das Sturmspiel verstärken, Marius und Nicky die Verteidigung.

„Samstag, 13 Uhr, Treffpunkt Vereinsheim", sprach Thomas Reichert das Schlusswort.

Alex hob wieder die Hand und druckste lange herum. Zu dumm, dass der Trainer nicht von selbst darauf gekommen war: Sie brauchten einen Kapitän! Insgeheim wünschte er sich, dass man ihn zum Spielführer wählen würde.

Thomas Reichert löste das Problem auf seine Art.

„Will jemand Kapitän sein?", fragte er.

Aldo schlug Dragan vor. Der schüttelte heftig den Kopf.

„Vielleicht könnte Alex ...", fing Jan vorsichtig an.

„Wenn es sein muss", murmelte Alex.

„Ist jemand dagegen?", fragte der Trainer.

Alle waren einverstanden. Auch die Spieler, die schon seit ihrer F-Junioren-Zeit beim SV Wasserfeld kickten. Es sah ganz danach aus, als gehörte der Dribbel-Club nun endgültig zu ihnen.

Am Morgen vor dem großen Ereignis waren fast alle pünktlich, lungerten um den Bus herum und hielten Ausschau nach Alex.

„Noch fünf Minuten", sagte der Trainer. „Dann fahren wir ohne ihn los."

„Wir können ja bei ihm zu Hause vorbeifahren", schlug Jan vor.

„Kommt nicht in die Tüte", schnarrte Thomas Reichert. „Alles einsteigen!"

In dem Augenblick bog Alex um die Ecke. Er schob sein Fahrrad. Vorn und hinten hatte er einen Platten. Sein Gesicht war verheult, die Hände glänzten ölverschmiert.

„Wer vorher so viel Pech hat, kann nachher nur gewinnen", versuchte der Trainer ihn zu trösten.

Aber Alex war untröstlich und minutenlang nicht ansprechbar. Erst als Achmed den Auswärtssieg-Gesang anstimmte, konnte auch Alex wieder lachen. Er ballte die Faust und brüllte am lautesten.

Thomas Reichert steuerte den Bus gemächlich über die Landstraße und pfiff leise vor sich hin. Achmed und Patrick erzählten abwechselnd Witze. Die Stimmung war großartig.

Plötzlich wurde der Bus langsamer und ruckelte ganz eigenartig.

„Verstehe ich nicht", brummelte der Trainer vor sich hin. Er schaltete die Warnblinkanlage ein.

„Kein Benzin!", wieherte Achmed.

Thomas Reichert steuerte den Bus auf einen Feldweg und ließ ihn ausrollen.

„So eine Pleite!", schimpfte er und stieg aus.

Die Wasserfelder D-Junioren folgten ihm. Der Motor qualmte.

Thomas Reichert rauchte der Kopf. In

einer halben Stunde wurde das Meisterschaftsmatch angepfiffen. Das war nicht mehr zu schaffen. Bis nach Beerfurth waren es noch knapp fünf Kilometer.

„Jetzt sehen wir alt aus", sagte Dragan und fragte den Trainer, ob er ein Handy habe.

Thomas Reichert verneinte.

„Pannen, Pech und Pleiten", sagte Patrick.

Dagegen war nichts zu sagen: Erst Alex' Reifenpanne, dann streikte der Bus. Das Match konnten sie vergessen. Eintracht Beerfurth würde die Punkte kampflos bekommen.

„Ihr rührt euch nicht von der Stelle", sagte der Trainer. „Ich laufe vor zur Straße. Mal sehen, was sich machen lässt …"

Als er gegangen war, packte einer nach dem anderen Bananen, Süßigkeiten und Getränke aus. Sie lagerten am Wegrand: Ein verlorener Haufen, der kurz vor dem Ziel aufgeben musste.

Auf einmal näherte sich ein blauer Traktor. Er hielt knapp vor dem Bus. Ein älterer Mann mit auffallend roter Nase und einem grünen Jägerhut auf dem Kopf drückte auf die Hupe.

Alex erklärte ihm, was passiert war. Der Mann stieg vom Traktor und besah sich den Motor. Helfen konnte er jedoch nicht.

„Wo müsst ihr denn hin?", fragte der Treckerfahrer.

„Nach Beerfurth", antwortete Alex.

„Zu einem Meisterschaftsspiel", sagte Achmed.

„Ach, ihr seid Kicker", sagte der Mann. „Ich habe früher auch einmal Fußball gespielt." Er schnalzte mit der Zunge.

Der Trainer trat hinzu. Auf der Straße habe leider niemand angehalten, sagte er.

„Wisst ihr was?" Der Mann lüftete seinen Hut und lachte verschmitzt. „Ich schleppe euch ab!"

„Und das geht?", fragte Thomas Reichert.

„Habt ihr ein Abschleppseil dabei?", wollte der Mann wissen.

Der Trainer schaute nach und fand im Kofferraum sogar eine Abschleppstange. Mit viel Geschick und in einer sagenhaften Geschwindigkeit verband der Mann Bus und Traktor mit der Stange. Er startete den Trecker. Der Bus setzte sich ruckartig in Bewegung.

„Cool!", rief Patrick.

„Hehaho, wir fahren mit dem Traktor in den Zoo", trällerte Achmed und brachte die gute Laune zurück in den Bus.

„Hehaho, die Beerfurther fallen ins Klo", dichtete Patrick dazu.

Jan schaute auf die Uhr: Noch fünf Minuten bis zum Anpfiff! Das war unmöglich zu schaffen. Er behielt diesen Gedanken für sich und drückte die Nase gegen die Scheibe.

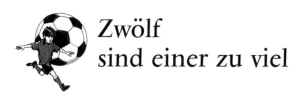
Zwölf
sind einer zu viel

„Eine halbe Stunde Verspätung",
grummelte Jan.

Ein steiler Weg führte zum kleinen Beerfurther Waldstadion.

„Hoffentlich müssen wir nicht auch noch schieben", meinte Achmed.

Der Trecker schaffte auch ohne Muskelkraft die letzten Meter bis zum Vereinsheim. Sie wurden empfangen, als ob sie zu einem Karnevalsumzug gehörten. Innerhalb kürzester Zeit standen mindestens fünfzig Menschen um den Pannenbus und den Traktor herum. Es wurde viel gewitzelt und laut gelacht.

„Die Wasserfelder haben anscheinend

Wasser getankt statt Benzin", war einer der vielen dummen Sprüche.

„Geschafft!" Thomas Reichert wischte sich mit der flachen Hand die Schweißperlen von der Stirn. „Alles aussteigen!"

Er bedankte sich bei dem guten Menschen, der sie abgeschleppt hatte.

„Gern geschehen", sagte der Mann und wünschte dem SV Wasserfeld einen Sieg.

Buddy Kluge drängte sich nach vorn. Er habe sich schon Sorgen gemacht, schnaufte er. Hinter ihm tauchte ein schmächtiger Junge auf, der höchstens sechzehn Jahre alt war: Der Schiedsrichter, der zur Eile drängte.

„Selbstverständlich", sagte Thomas Reichert und scheuchte seine Spieler in die Kabine.

„Und wie kommen wir nach Hause?", fragte Patrick.

„Das kläre ich", versprach Buddy Kluge.

Während die Wasserfelder Kids noch beim Umziehen waren, prüfte der Schiri die Spielerpässe. Zum Aufwärmen blieb dann keine

Zeit mehr. Alex streifte die Kapitänsbinde über den Arm und platzte fast vor Stolz.

„Nicht zu stürmisch. Erst einmal abwarten", gab der Trainer ihnen mit auf den Weg.

Aber sie kamen gar nicht zum Abwarten. Die Beerfurther bestürmten das Wasserfelder Tor und heizten Christian ein. Auch Dragan und Patrick mussten am eigenen Strafraum Feuerwehr spielen. Jeder schlug den Ball ziellos aus der Gefahrenzone.

Es kam, wie es kommen musste: Aldo trat am Fünfmeterraum über das Leder. Christian hechtete nach der Pille. Ein Eintrachtler war schneller und schob den Ball zum 1:0 über die Linie.

Achmed versuchte einen Alleingang, umspielte, zwei, drei Beerfurther. Jan bot sich an. Achmed übersah ihn und blieb in der Abwehr hängen. Der Beerfurther trieb das Leder in die Wasserfelder Hälfte.

„Angreifen!", kreischte der Kapitän.

Niemand fühlte sich angesprochen. Der

Beerfurther machte Boden gut und kam bis zum Strafraum. Alex bedrängte ihn. Der Eintrachtler kam zu Fall. Der Schiri pfiff.

„Heh!", kreischte Alex und rannte zum Pfeifenmann. „Ich habe den Schauspieler überhaupt nicht berührt. Das war eine Schwalbe!"

Der Schiedsrichter machte eine zappelige Handbewegung zu seiner Hemdtasche. Alex kapierte sofort, was er damit ausdrücken wollte: Wenn du nicht den Mund hältst, zeige ich dir die gelbe Karte …

Christian war damit beschäftigt, die Mauer zu stellen und brüllte wie ein Profi-Tormann: „Weiter nach links … Stopp! Einen halben Meter nach rechts … Stopp!"

Der Beerfurther legte sich den Ball zurecht. Christian und seine Verteidiger rechneten mit einem Direktschuss. Hinter dem vermeintlichen Freistoßschützen stand ein zweiter Eintrachtler. Er wirkte völlig unbeteiligt und bekam auf einmal von seinem Mannschaftskameraden den Ball vor die

Füße gespielt. Pfeilschnell brauste er in den Strafraum und überlief die SV-Mauer, die total überrascht war. Christian war machtlos. Der scharf geschossene Ball strich über seinen Kopf hinweg: 2:0 für Eintracht Beerfurth.

Jan trug das Leder zum Anstoßkreis und sagte zu Dragan: „Das gibt aber eine Packung …"

Nach dem 2:0 wurden die Wasserfelder D-Junioren etwas stürmischer. Aber das Zuspiel klappte nicht. Selbst aus geringster Entfernung spielten sie die Lederkugel einem Gegner in die Füße. Zum Glück versiebten die Beerfurther regelmäßig ihre Kontermöglichkeiten.

Kurz vor der Pause schlugen sie noch einmal zu: Die Wasserfelder Verteidigung war weit aufgerückt. Alex versuchte sich als Flankengeber von links, schoss aber einen Eintrachtler an, der den Ball mit der Brust stoppte und die Linie entlangspielte. Der Rechtsaußen der Beerfurther war wieselflink und überrannte zwei Wasserfelder. Alex hechelte hinterher und bekam nur die Hacken zu sehen. Knapp an der Torauslinie kickte der Beerfurther die Pille flach in den Torraum.

Christian und Lars hatten anscheinend eine hohe Flanke erwartet.

Der Beerfurther Stürmer nutzte die Verwirrung und vollendete mit einem Volleyschuss: 3:0.

Der Traum vom Auswärtssieg schien ausgeträumt zu sein.

„Bloß weil wir uns nicht warm laufen durften", moserte Patrick in der Kabine.

„Kann sein. Das allein ist es aber nicht", ereiferte ihr Kapitän sich. „Wir gucken zu, wie die in Ruhe den Ball annehmen. Wir müssen aber schon bei der Ballannahme stören."

„Stimmt", sagte der Trainer. „Und wenn ihr den Ball habt, dürft ihr nicht überhastet abspielen. Fußballwunder gibt es immer wieder …" Er unterhielt sich mit Felix, der in der zweiten Halbzeit für frischen Schwung sorgen sollte.

Da platzte Buddy Kluge herein.

„Herr Yüksel und Patricks Vater holen euch nachher ab", verkündete er. „Der Rest kann mit mir fahren." Dann versorgte Herr Kluge sie noch mit klugen Fußballsprüchen: „Wer aufgibt, der hat schon verloren ... Der Ball ist rund ..."

Und auf einmal lief es auch rund für die D-Junioren.

Achmed wurde endlich seinem Ruf als Dribbelwunder gerecht. Nun fanden alle über den Kampf zum Spiel. Felix verkürzte mit einem Sonntagsschuss auf 3:1. Die Beerfurther zogen sich zurück. Die Wasserfelder stürmten. Aus einem Gewühl heraus drückte Patrick die Pille über die Linie, und es stand nur noch 3:2 für die Eintracht.

„Auswärtssieg!", raunte Achmed Jan zu.

Gleich nach dem Wiederanstoß fing Nicky in der eigenen Hälfte das Leder ab, spielte zu Alex, der aufgerückt war. Alex hängte mit einer Körperdrehung einen Beerfurther ab und passte nach rechts zu Marius.

Jan bot sich an. Marius zog zwei Abwehrspieler auf sich und schob das Leder in letzter Sekunde zu Jan, der mit der Hacke zu Achmed weiterleitete. Achmed lupfte die Kugel über den anrückenden Verteidiger und flitzte an ihm vorbei. Den nächsten Eintrachtler trickste er mit einem Übersteiger aus und spielte in den freien Raum.

Dragan erfasste die Lage und entwischte dem Manndecker. Für den Beerfurther Keeper war es besonders bitter, dass Dragan ihn mit einem Beinschuss bezwang. Unentschieden!

Jan linste zu Thomas Reichert und wunderte sich. Warum freute er sich nicht über die fabelhafte Aufholjagd seiner Jungs? Was hatte er mit Buddy Kluge zu bequatschen?

Bei der nächsten Spielunterbrechung holte der Trainer Felix vom Platz. Was war nur in Thomas Reichert gefahren? Felix hatte ein Supertor geschossen und auch sonst gut gespielt. Was war das für eine seltsame Auswechslung? Wenn Felix schon gehen musste, dann hätte doch ein neuer Spieler kommen müssen: Roby!

Auf einmal blickte Jan durch: Felix war zur Pause gekommen, aber niemand war für ihn gegangen. Die Wasserfelder hatten mit zwölf Mann gespielt! Ob das erlaubt war?

„Pass doch auf!", brüllte Alex.

Jan war zweimal hintereinander ins Abseits gelaufen, weil er die merkwürdige Auswechslung nicht aus dem Kopf bekam.

Christian schlug aus der Hand ab. Marius verlängerte mit dem Kopf zu Nicky. Der rutschte aus, kam aber im Fallen an das Leder und spitzelte es zu Dragan. Der Stürmer umdribbelte zwei Beerfurther und flankte zu Patrick.

Patrick stand mit dem Rücken zum Tor. Der Manndecker der Eintracht deckte nur den Raum. Patrick setzte zu einem Fallrückzieher an und traf prompt ins Netz. Die Wasserfelder führten.

Jan gratulierte Patrick. So richtig freuen konnte er sich nicht, denn die Beerfurther wehrten sich gar nicht. Sogar das 5:3 ließen sie zu: einen Weitschuss von Alex. Eher ein Schüsschen, das jeder Tormann aus der Pampers-Liga gehalten hätte.

Nach dem Abpfiff empfing der Trainer sie mit ernster Miene und einer Entschuldigung.

„Mir ist leider ein Fehler unterlaufen", sagte er. „Wir haben zeitweise mit zwölf Mann gespielt."

„Macht doch nichts!", rief Achmed. „Hauptsache, die Dösköppe haben nichts gemerkt."

„Haben sie leider doch", sagte Thomas Reichert und wirkte sehr geknickt. „Und sie haben beim Schiri auch gleich protestiert."

„Und was heißt das?", fragte Patrick.

„Das heißt, dass wir verloren haben!", antwortete der Trainer.

„Das haben wir Buddy Kluge zu verdanken", platzte auf einmal Jan heraus.

Die anderen starrten ihn an, als hätte er gerade das fünfte Eigentor hintereinander geschossen.

„Stimmt doch", fuhr er kleinlaut fort und bekam Glühbacken. „Wenn Buddy Kluge in der Halbzeit nicht in die Kabine geplatzt wäre, dann hätte Thomas nicht vergessen, für Felix einen anderen Spieler herauszunehmen …"

„Wer hat wen warum vergessen?" Buddy Kluge stand in der Tür. „Es sind genügend Autos da. Herr Yüksel schleppt den Bus ab. Bei mir und bei Patricks Vater kann der Rest mitfahren. Oder wollt ihr in Beerfurth euren Auswärtssieg feiern?"

Der Trainer klärte ihn auf, auch über die Wechselpanne. Herr Kluge schlug die Hände über dem Kopf zusammen und meinte: „Vielleicht war es wirklich nicht klug von mir, in der Pause in die Kabine zu kommen. Passiert ganz bestimmt nie wieder. Ehrenwort!"

„Dumm gelaufen", sagte Patrick.

Obwohl es kein Witz war, lachten sie endlich wieder.

„Das nächste Spiel ist doch dann in Wasserfeld?", fragte Achmed.

„Nächsten Samstag, vierzehn Uhr dreißig", sagte der Trainer. „Gegen Blauweiß Bieberau."

Die Wasserfelder bildeten einen Kreis, bückten sich, legten die Hände aufeinander und schrien: „Heimsieg!"

Gnade für den Dribbel-Club

„Geht's gut?", begrüßte der Trainer die Wasserfelder D-Junioren zum ersten Training nach dem Pannenauswärtsspiel in Beerfurth. Er entschuldigte sich noch einmal für den Fehler beim Auswechseln.

„Ist ja auch schon Profitrainern passiert", meinte Alex.

„Freut mich, dass ihr mir verziehen habt", sagte Thomas Reichert.

Sie schleppten die Trainingstore aus dem windschiefen Schuppen hinter dem Vereinsheim. Der Trainer holte das Netz mit den Bällen. Dann begannen sie mit Dehnübungen und trainierten anschließend mit dem Ball. Es gab Schattenmänner und -spieler, die mit dem Ball in Richtung Strafraum dribbelten. Der Schattenspieler lief ohne Ball vor dem Dribbler her. Der Schattenspieler schlug dabei Haken. Der Ballspieler musste möglichst eng an seinem Schatten kleben. Erst am Strafraum verwandelte sich der Schattenspieler in einen Verteidiger, der dem anderen den Ball abjagen musste.

„Ein cooles Spiel", sagte Patrick.

Jan war Schatten. Patrick schaffte es nicht, Jan am Torschuss zu hindern.

Die Paare wechselten. Jan wurde zu Dragans Schattengestalt. Jan luchste ihm das Leder ab. Weil es ihm geglückt war, führte er sich auf, als hätte er gerade einen doppelten Hattrick erzielt.

„Blödmann!", zischte Dragan und tippte sich gegen die Stirn.

Jan hörte auf mit dem Jubelgeschrei. „Guck mal", flüsterte er.

Er starrte zu dem geheimnisvollen Mann hinüber, der auf der Treppe zum Vereinshaus hockte und den Kopf schüttelte.

„Ist das dein Vater?", fragte Dragan.

„Nö", antwortete Jan. „Aber ich habe den Mann schon öfters hier gesehen. „Mit dem stimmt irgendetwas nicht."

„Was soll denn mit dem nicht stimmen?", fragte Dragan.

Jan zuckte die Achseln. Es war nur so ein Gefühl. Oder Einbildung.

Thomas Reichert beendete das Schattenspiel und bestimmte zwei Teams für das Trainingsmatch. Der Kopfschüttler ging. Dafür tauchten Harry und Tim auf. Lautstark sonderten sie ätzende Sprüche ab.

„Üben, üben, üben!", grölten sie bei jedem Fehlschuss. Und als Christian einmal danebengriff, johlten sie minutenlang: „Hohoho, Christian ist dumm wie Stroh!"

Der Torhüter wurde wütend und ließ einen leichten Ball durch.

„Christian in die Pampersliga, Christian in die Pampersliga …", sangen Harry und Tim.

Jan guckte zu Thomas Reichert: Höchste

Eisenbahn, dass der Trainer den Großmäulern vom Birkenweg das Maul stopfte. Von der Pleite in Beerfurth hatten sie offenbar auch schon gehört, denn nun riefen sie: „Einer ist zu viel, einer ist zu viel!"

Warum unternahm der Trainer nichts?

„Ein Fall für den Dribbel-Club", brüllte Patrick quer über den Platz.

Jan, Christian, Alex und Achmed kapierten sofort, was er damit meinte. Sie kümmerten sich nicht mehr um das Spiel. Christian knallte die Baseballmütze auf den Rasen und führte den Zug der Dribbel-Club-Rächer an. Sie wirkten sehr entschlossen.

Das allein genügte, um Harry und Tim zu vertreiben.

„Cool", sagte Patrick und rieb sich vergnügt die Hände.

„Dribbel-Club *forever!*", kreischte Achmed und zog die misstrauischen Blicke von Dragan und Aldo auf sich. Gleich fügte er hinzu: „Dribbel-Club *und* SV Wasserfeld *forever!*"

Der Trainer gab die Mannschaftsaufstellung bekannt. Er konnte Alex dazu überreden, diesmal nicht den „Ballabsauger" zu spielen.

„Gegen Bieberau versuchen es wir einmal mit einem echten Libero", sagte Thomas Reichert.

„Muss ich dann nur hinten bleiben?", fragte Alex und zog eine Würde-mir-nicht-gefallen-Grimasse.

„Ein guter Libero kurbelt natürlich auch das Angriffsspiel an", sagte der Trainer.

Leider gab es dann am Samstag absolut nichts anzukurbeln. Über Nacht hatten anscheinend Wildschweine auf dem Sportplatz gewütet. So sah es jedenfalls auf den ersten Blick aus: Die eine Hälfte des Rasens war total umgepflügt.

„Wenn ich die Wildsau erwische!", stöhnte Herr Speckstein. Er ließ offen, was dann geschehen würde. Hilfe suchend streckte er die Arme zum Himmel.

Jan sprach aus, was alle in dem Augenblick dachten: „Das Spiel können wir vergessen."

„Und wenn wir auf dem Hartplatz spielen?", schlug Achmed vor.

Die Begeisterung der anderen hielt sich in Grenzen. Auch der Trainer der Bieberauer war gleich dagegen. Da es wochenlang nicht geregnet hatte, war der Aschenplatz knochentrocken. Die Verletzungsgefahr war zu groß. Da hätte man auch gleich auf einer Betonpiste kicken können. Der Schiri sah es ähnlich.

„Wird das Spiel wiederholt, oder kriegen die Bieberauer kampflos die Punkte!", erkundigte Thomas Reichert sich beim Pfeifenmann.

Der formte den Mund zu einem großen „O" und dachte lange nach.

„So einen Fall habe ich noch nie gehabt", sagte er endlich. „Ich werde mich erkundigen. Aber das Fahrgeld muss mir der Verein trotzdem bezahlen."

„Selbstverständlich", sagte Herr Speckstein.

An der Außenlinie schlich der Kopfschüttler vorbei. Diesmal schüttelte er nicht nur den Kopf, sondern grinste auch.

Jan beachtete den Mann nicht weiter. Wahrscheinlich handelte es sich um einen bedauernswerten Spinner.

Mit seinen Gedanken war Jan bei Harry und dessen Freunden vom Birkenweg. Er zog Alex zur Seite und sagte im Flüsterton: „Ich kann mir denken, wer die Wildsäue waren …"

„Du meinst …" Alex biss sich auf die Unterlippe. „Wenn das wahr ist …" Er ballte die Fäuste.

Achmed trat zu ihnen. Er hegte denselben Verdacht und ebenfalls Rachepläne.

„Die können was erleben!", tönte er.

„Pssst!" Jan stupste Achmed. Er wollte nicht, das die anderen Wasserfelder und der Trainer mithörten.

„Wir treffen uns in einer Stunde im *Muskelkater*", schlug Alex vor. „Dann überlegen wir, wie wir es Harry und seinen Kumpels heimzahlen können."

Herr Speckstein kurvte inzwischen auf einer Mini-Dampfwalze über den Platz. Der Kopfschüttler schaute verdächtig aufmerksam zu.

Die Dribbel-Club-Kids waren auf einmal sehr in Eile. Wie verabredet kamen sie im *Muskelkater* zusammen und bliesen erst einmal Trübsal.

„Verloren?", fragte Buddy Kluge.

„Nö", brummte Alex.

„Unentschieden?", hakte Herr Kluge nach und bekam wieder ein brummeliges „Nö" zu hören.

„Verstehe, ihr habt gewonnen", sagte Buddy Kluge lachend. „Aber ihr wollt die Freude mit niemandem teilen. Okay, von mir erfährt niemand etwas." Lachend ging er in sein Büro.

„Sollen wir es ihm sagen?", fragte Patrick seine Freunde.

„Erst einmal nicht", meinte Alex.

„Und nun?", wollte Christian wissen.

Jan hatte eine Idee: „Wir machen aus dem Platz vom SV Rasensport auch einen Acker. Dann können Harry und seine Rasensportler auch nicht mehr spielen."

„Viel zu anstrengend", meinte Achmed. „Außerdem sind wir dann wieder die Angeschmierten!"

„Kapiere ich nicht", schnaubte Christian.

„Ist doch logisch", erklärte Achmed. „Weil wir dann nächsten Samstag wieder nicht kicken könnten. Wir haben nämlich nächste Woche ein Auswärtsspiel. Und wisst ihr wo?"

„Beim SV Rasensport", sagte Alex.

„Okay, dann weiß ich auch nicht, wie wir Harry ärgern könnten", sagte Jan.

Er und Christian verloren bald die Lust am Ausbrüten von Ideen und spielten im

Vorraum Tischfußball. Jan ging gerade mit 4:1 in Führung, als die Tür aufgestoßen wurde.

Harry schüttelte die schulterlangen schwarzen Haare nach hinten. Tim und noch ein Junge vom Birkenweg drängten sich an ihm vorbei. Wie Schildwachen stellten sie sich neben ihren Anführer.

„Die Pampersprofis", spottete Harry.

Tim kicherte und spreizte alle zehn Finger: „10:0. Der SV Rasensport hat 10:0 gewonnen. Harry hat viermal getroffen."

Harry hob den Kopf ein bisschen höher und griente.

Jan und Christian ließen sich nicht ärgern und spielten einfach weiter.

„Und wie ist euer Match ausgegangen?", fragte Harry mit sanfter Stimme. „Hat sich euer Trainer wieder verzählt beim Auswechseln?"

Jan und Christian kurbelten verbissen an den Stangen.

„Nächsten Samstag könnt ihr ruhig mit

zwölf Mann antreten", fuhr Harry fort. „Von uns kriegt ihr sowieso eine Packung!"

„Wer kriegt eine Packung?" Achmed und Patrick kamen dazu und gleich darauf auch Alex.

„Ich wette, dass ihr verliert", prahlte Harry.

„Wir wetten nicht mit Wildsäuen", entgegnete Alex kühl.

Ehe Harrys Schildwachen eingreifen konnten, wurde er von Patrick und Achmed nach draußen geschubst.

„Schluss mit witzig!", rief Patrick und gab Harry eine Ohrfeige.

Tim stürzte sich von hinten auf Patrick. Der andere Junge boxte Achmed. Jan und Alex mischten sich ein. Im Nu war eine handfeste Keilerei im Gange. Harry und Achmed wälzten sich auf dem Boden. Tim und Jan versuchten sich gegenseitig wegzudrücken und ähnelten spindeldürren Sumo-Ringern.

„Wildsäue! Wildsäue!", kreischten Christian und Alex und schauten zu, wie Patrick den dritten Jungen aus dem Birkenweg in den Schwitzkasten nahm.

„Aufhören!" Buddy Kluge trennte erst Achmed und Harry, dann die anderen Streithähne.

„Schläger kriegen im *Muskelkater* Hausverbot", sagte Herr Kluge mit erhobener Stimme.

„Die haben angefangen!", jammerte Harry.

„Stimmt das?" Herr Kluge wandte sich an Alex.

„Na ja", druckste Alex herum. „Angefangen schon, aber …"

„Die haben unseren Rasen umgeackert", sagte Jan.

Buddy Kluge ging ein Licht auf: „Deshalb konntet ihr mir vorhin nicht sagen, wie das Spiel ausgegangen ist …" Er baute sich breitbeinig vor Harry auf und herrschte ihn an: „Das ist ja kriminell. Was hast du dir bloß dabei gedacht?"

„Muss er wieder im Jugendzentrum streichen?", juhute Achmed.

Harry bekam rote Ohren, weil er lieber nicht an diese unliebsame Geschichte erinnert werden wollte. Damals hatte er mit seinen Freunden die Trainingstore beim SV Wasserfeld geklaut. Zur Strafe durfte er sich im *Muskelkater* als Anstreicher versuchen, bis er selber Muskelkater hatte.

„Mit dem blöden Rasen habe ich nichts zu tun", wehrte Harry sich. „Ich kann's beschwören."

„Nicht nötig", sagte Buddy Kluge. „Ich glaube es dir auch so."

Harry nickte zufrieden.

„Der lügt, der lügt", brauste Patrick auf.

Harry schüttelte die Haare und machte eine drohende Handbewegung.

„Selber Lügner!", sagte Tim.

„Und du sagst wirklich die Wahrheit", bohrte Buddy Kluge noch einmal nach.

„Ehrenwort, die wirkliche Wahrheit", antwortete Harry sichtlich genervt. Er stolzierte in Richtung Dianenbrunnen. Seine Kumpels tippelten hinterher. Harry drehte sich noch einmal um und rief: „Ciao, ihr Luschen. Am Samstag gibt es eine Packung!"

„Angeber!", brummte Christian. Er winkte Jan zum Tischfußball.

„Moment", sagte Buddy Kluge. „Ich muss noch ein paar Takte mit euch reden." Er führte sie in sein Büro und zog die Tür hinter sich zu.

„Ich traue dem Harry nicht", fing Alex an.

„Wenn er sagt, dass er es nicht war, dann glaube ich ihm", sagte Herr Kluge. „Oder habt ihr Beweise?"

Sie verneinten. Richtige Beweise hatten sie natürlich nicht. Aber Harry und den anderen aus dem Birkenweg trauten sie mittlerweile fast jede Gemeinheit zu.

„Ihr macht es euch ein bisschen einfach", wetterte Herr Kluge. „Und nehmen wir mal an, Harry würde doch dahinter stecken. Ist das ein Grund, sich zu prügeln? Wie gesagt, Schläger kriegen bei mir Hausverbot …"

„Dürfen wir nun nie mehr ins *Muskelkater* kommen?", fragte ausgerechnet Christian. Er hatte ja nicht einmal den kleinen Finger gerührt.

„Gnade für den Dribbel-Club", verkündete der Chef des Jugendhauses und zwinkerte heftig mit den Augen.

Christian stieß einen Freudenjauchzer aus. Achmed und Patrick klatschten. Die Dribbel-Club-Kids wussten, was sie an Buddy Kluge und am *Muskelkater* hatten.

Nur Alex runzelte die Stirn und fragte in die Runde: „Und wer hat unseren schönen Rasen auf dem Gewissen?"

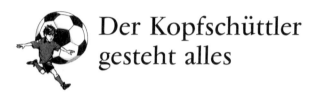
Der Kopfschüttler gesteht alles

„Schau mal", sagte Jans Mutter und hielt ihm die Zeitung unter die Nase. „Ihr steht heute in der Zeitung!"

Jan guckte angestrengt und konnte nichts entdecken. Warum sollte auch etwas über den Dribbel-Club in der Zeitung sein? Etwa die Keilerei am Samstag mit den Jungen vom Birkenweg?

„Wo denn?", fragte Jan.

„Sie schreiben, unbekannte Täter hätten den Rasen vom SV Wasserfeld zerwühlt", sagte die Mutter.

„Ach so", gähnte Jan. „Das weiß ich doch längst." Deshalb wollten die Dribbel-Club-Kids sich in einer halben Stunde im Kebab-

Laden von Achmeds Vater treffen. Gut möglich, dass einer die zündende Idee hatte, wie man dem Rasenzerwühler auf die Schliche kommen könnte.

„Ich geh dann mal", sagte Jan.

Seine Mutter hatte eine andere Vorstellung. Sie gab ihm Geld und einen Einkaufszettel.

„Immer ich", motzte Jan. „Katrin kann doch einkaufen gehen!"

Er brüllte so laut, dass die Schwester es in ihrem Zimmer hören musste.

„Katrin muss lernen", sagte die Mutter. „Sie schreibt morgen eine Klassenarbeit."

Dagegen konnte Jan nichts einwenden. Damit er nicht zu viel Zeit verlor, benutzte er die Inline-Skates. Der Supermarkt war nur drei Straßen entfernt von der Ahornstraße.

Er sauste über den Bürgersteig, umkurvte Hunde und Fußgänger. Manche riefen ihm unfreundliche Worte hinterher. Auf einmal traute er seinen Augen nicht: Der Kopfschüttler, den er schon ein paarmal auf dem Sportplatz gesehen hatte! Der Mann betrachtete sich die Auslagen eines Schaufensters.

Jan blieb hinter einem Baum stehen.

„Hi …" Patrick klopfte Jan so fest auf die Schulter, dass er das Gleichgewicht verlor. In letzter Sekunde hielt er sich am Baum fest.

„Spinnst du?", fauchte Jan.

„Auf wen wartest du denn?", wollte Patrick wissen. „Hast du unseren Treff vergessen?"

„Ich muss noch einkaufen", brummte Jan.

„Dann aber fix", meinte Patrick.

Jan rührte sich nicht vom Fleck. Er starrte zu dem Mann, der noch immer das Schaufenster betrachtete.

„Den kenne ich", sagte Jan. „Der ist immer auf dem Sportplatz, wenn wir trainieren."

„Kann sein. Was hast du mit dem Typen zu tun?", grummelte Patrick.

„Der kommt mir komisch vor", sagte Jan.

Patrick konnte an dem Mann in dem grauen Anzug nichts entdecken, was ungeheuerlich gewesen wäre.

„Weißt du was?", sagte Jan. „Wir verfolgen ihn!"

„Spielen wir nun Jan und die Detektive?", meckerte Patrick. „Die anderen vom Dribbel-Club warten schon auf uns."

„Egal", beharrte Jan.

Der Mann löste sich vom Schaufenster und wechselte die Straßenseite. Jan skatete langsam hinterher. Patrick zögerte. Aber dann ließ er sich von Jans Jagdfieber anstecken. Sie folgten dem Mann so unauffällig wie möglich. Die Verfolgung endete bald vor einem sechsgeschossigen Wohnhaus. Es gehörte zu einer Siedlung in der Nähe des Sportplatzes von Wasserfeld.

„Und nun?", fragte Patrick. In seiner Stimme schwang Enttäuschung mit.

„Weiß nicht", sagte Jan.

Nun wusste er, wo der Kopfschüttler wohnte. Aber wozu das gut sein sollte, konnte er auch nicht sagen. Zwei Jungen und ein Mädchen traten aus der Haustür. Einer schleppte einen riesigen Kassettenrekorder, der voll aufgedreht war. Das Mädchen und der andere Junge tanzten zu der hammerharten Musik.

„Cool!", rief Patrick und wackelte auch mit den Hüften.

„Die anderen warten auf uns im Döner-Laden", drängte Jan.

Plötzlich wurde im ersten Stock ein Fenster aufgerissen. Eine Wasserbombe streifte den Rekorder und zerplatzte auf dem Rost vor der Haustür.

„Idiot!", rief ein Junge und streckte den Stinkefinger nach oben.

„Das war der komische Mann", wisperte Jan.

Das Mädchen und die beiden Jungen tänzelten um die Ecke.

„Moment mal!", rief Jan.

„Ist was, Kleiner?", blaffte der Junge mit dem Rekorder.

„Ich … äh … wir …" Jan verhaspelte sich.

Patrick half aus: „Wer is'n der Fuzzy, der die Wasserbombe geworfen hat?"

„Ein Dummbeutel!", rief das Mädchen.

„Seit der hier wohnt, gibt es nur Ärger", sagte der zweite Junge. „Wenn du einen Pups lässt, ruft er gleich die Polizei."

„Ein Dummbeutel", wiederholte das Mädchen. „Aber wenn der mit einem Traktor nachts durch die Gegend düst, darf sich niemand beschweren …"

„Mit einem Traktor?", bohrte Jan nach. „Wann?"

„Ist noch gar nicht lange her", antwortete das Mädchen.

„Komm!" Jan zupfte Patrick am Ärmel und skatete los. Patrick flitzte wie ein Windhund und holte ihn trotzdem nicht ein. Jan wartete auf ihn.

„Warum hast du's auf einmal so eilig?", keuchte Patrick.

„Warum wohl?" Jan zog die Augenbrauen hoch. „Weil wir die Wildsau haben!"

„Du glaubst, der Fuzzy hat …", sagte Patrick. „Das ist ja ein Ding. Das müssen wir sofort den anderen erzählen.

Im Döner-Laden von Herrn Yüksel wurden sie mit Warum-kommt-ihr-zu-spät?-Blicken empfangen.

Patrick brauchte erst eine Cola, Jan eine Limonade. Sie grinsten ununterbrochen, sagten aber kein Wort.

„Was ist denn los?", drängte Alex.

„Wir haben ihn", tönte Patrick, als er die Hälfte der Cola geleert hatte.

„Einen Hau habt ihr!", spottete Achmed.

„Die Wildsau!", rief Jan.

Achmed fing an zu grunzen. Herr Yüksel schielte über den Tresen und rief seinem Sohn etwas auf Türkisch zu. Achmed bekam rote Ohren und schwieg.

„Wir wissen, wer den Rasen umgewühlt hat", verkündete Patrick.

„Und woher?", fragte Christian.

„Weil wir die besten Detektive der Welt sind", behauptete Patrick.

Jan musterte ihn schräg von der Seite.

„Eigentlich haben wir es unserem Floh zu verdanken", gab Patrick zu.

Jan erzählte haarklein die ganze Geschichte und schlug vor, sofort mit Buddy Kluge zu reden. Lärmend drängten die Dribbel-Kids aus dem Kebab-Laden.

„Moment!", rief Herr Yüksel. „Wollt ihr nicht erfahren, was aus eurem Mannschaftsbus geworden ist?"

Achmeds Vater zeigte ihnen das Gefährt, das im Hinterhof parkte.

„Moment noch", sagte Herr Yüksel. Er stieg ein und startete den Motor.

„Der neue Motor ist zwar auch nicht mehr ganz neu", sagte Herr Yüksel lachend. „Aber bis ihr bei den A-Junioren spielt, wird er sicher halten. Mindestens!"

In Buddy Kluges Büro redeten alle durcheinander. Der Leiter des Jugendhauses verstand kein Wort. Aber er hörte geduldig zu. Als alle schwiegen, sagte er: „Und nun bitte noch einmal von vorn. Und am besten redet nur einer."

Alex durfte die Geschichte erzählen. Danach telefonierte Buddy Kluge mit Thomas Reichert. Herr Kluge blätterte in seinem Terminkalender.

„Morgen gegen achtzehn Uhr würde es mir passen", sagte er und legte auf.

„Dürfen wir mitkommen?", fragte Patrick und ballte die Fäuste.

„Keine Gewalt!", sagte Buddy Kluge augenzwinkernd. „Wir werden dem Herrn friedlich die Meinung sagen. Einverstanden?"

„Einverstanden", sprach Alex für die anderen Mitglieder des Dribbel-Clubs.

Jan fiel ein, dass seine Mutter längst auf ihn wartete. Wenn er Glück hatte, schaffte er es noch, ehe der Supermarkt schloss.

„Tschüss", rief er und stakste hinaus.

„Bis morgen", erinnerte Alex ihn an den Besuch beim Kopfschüttler. „Am besten treffen wir uns eine halbe Stunde vorher im *Muskelkater.*" Er guckte fragend zu Buddy Kluge.

„Ist in Ordnung", meinte Herr Kluge.

Jan skatete zum Einkaufsladen und wunderte sich, dass nur zwei Autos auf dem Parkplatz standen. Bald erfuhr er den Grund. An der Tür klebte ein Schild:

Sehr verehrte Kunden! Wir bitten um Ihr Verständnis. Wir schließen nun wieder eine Stunde früher und …

Jan schimpfte auf das Geschäft. Zu Hause wurde er ausgeschimpft.

„Tut mir Leid, aber mir ist etwas Superwichtiges dazwischen gekommen", sagte er.

„Soll ich raten?", fragte die Mutter. „Fußball?"

Jan sagte nicht Ja und nicht Nein. Mit dem Hinweis, er müsse für die Schule lernen, verschwand er in seinem Zimmer.

Später hielt ihm der Vater noch einen Vortrag über die Pflichten, die jeder in der Familie habe. Jan hörte mit einer Ich-will-mich-bessern-Miene zu.

Am nächsten Tag räumte er freiwillig seine Bude auf, half beim Abwasch und ging einkaufen. Pünktlich lief er im *Muskelkater* ein.

Sie warteten nur noch auf Thomas Reichert, der zwei Minuten später mit dem Mannschaftsbus vorfuhr.

„Läuft wieder tadellos", sagte der Trainer und rieb sich die Hände. „Alles einsteigen!"

Gleich darauf standen sie ratlos vor dem Haus, in dem der Kopfschüttler wohnte. Auf welchen Klingelknopf sollten sie drücken? Niemand kannte seinen Namen.

„Er wohnt im ersten Stock", fiel Jan ein.

„Gut, dann …", fing Buddy Kluge an.

Fast im gleichen Moment wurde die Haustür geöffnet. Der Mann im grauen Anzug trat heraus und grüßte freundlich.

„Entschuldigen Sie", sagte Buddy Kluge.

„Ja, bitte." Der Kopfschüttler lächelte.

„Wir würden uns gerne mit Ihnen unterhalten", fuhr Herr Kluge fort.

Der Mann nestelte nervös an seinem Hemdkragen herum.

„Könnte es sein, dass Sie etwas gegen Rasenflächen haben?", fragte Thomas Reichert.

„Und gegen Kinder, die Fußball spielen?", fügte Buddy Kluge hinzu.

„Ich weiß gar nicht, was ihr von mir wollt", wehrte der Mann ab.

„Wir haben Hinweise", polterte Achmed.

„Sie sind mit einem Traktor gesehen worden", gab Patrick sich ebenso forsch.

Der Kopfschüttler zupfte an seinem Ohrläppchen.

„Wir könnten auch die Polizei einschalten", sagte der Trainer. „Lieber wäre es uns, wenn wir vernünftig miteinander reden könnten."

Der Mann seufzte, schaute nach links und nach rechts, nach oben und unten.

„Bitte keine Polizei", sagte er im Flüsterton. „Es tut mir auch Leid …"

„Was tut Ihnen Leid?", drängte Buddy Kluge.

„Alles", schnaufte der Mann.

„Bitte etwas genauer", sagte Thomas Reichert.

„Wissen Sie", fing der Mann an. „Das ist nämlich so. Ich habe zur Zeit keine Arbeit. Und wenn man den lieben langen Tag allein in der Wohnung sitzt, dann stört einen manchmal schon das Summen einer Fliege …" Er guckte Mitleid heischend in die Runde.

„Verstehe", sagte Buddy Kluge.

„Wissen Sie", fuhr der Mann fort und befeuchtete mit der Zunge die Lippen. „Alle hier denken, ich wäre ein böser Mensch. Stimmt aber nicht. Demnächst ziehe ich in eine andere Wohnung. Die ist weit weg von jedem Sportplatz …"

„Und woher stammte der Traktor?", wollte Buddy Kluge noch wissen.

„Ausgeliehen von einem Bekannten", antwortete der Mann. „Darf ich jetzt gehen?"

Die Dribbel-Kids gaben die Haustür frei. Richtig wütend war niemand mehr auf den Kopfschüttler ...

Die Flügelzange

„Der Platz sieht ja wieder supercool aus", sagte Patrick.

„Hat mich auch viel Mühe gekostet", piepte Herr Speckstein. Innerhalb weniger Tage hatte er aus dem Acker wieder einen bespielbaren Rasen gezaubert. Thomas Reichert klopfte dem Platzwart anerkennend auf die Schulter.

„Tolle Arbeit", lobte er und wollte mit dem Training loslegen.

„Stopp!", rief Herr Speckstein. „Der Rasen muss geschont werden!"

Diesmal sahen der Trainer und seine D-Junioren-Kicker ein, dass sie auf den ungeliebten Ascheplatz ausweichen mussten. Sie begannen mit Schattenlaufen, traten Ecken und übten Elfmeterschießen. Vor dem Trainingsspiel mahnte Thomas Reichert zur Vorsicht bei den Zweikämpfen.

Spaß machte es niemandem, auf dem Hartplatz zu kicken. Selbst das Dribbelwunder Achmed hatte Schwierigkeiten, den Ball anzunehmen. Das Leder sprang höher als auf dem Rasen. Das bekam auch Christian zu spüren.

Ein Weitschuss von Patrick wurde zu einem Aufsetzer. Der Keeper lag flach in der richtigen Ecke. Aber die Pille dotzte knapp vor ihm auf und strich über seine ausgestreckten Fäuste.

„Ein typisches Hartplatztor", tröstete der Trainer.

Hinterher war er froh, dass keiner verletzt worden war. Nur Christian hatte eine kleine Schürfwunde am Knie, die Thomas Reichert mit Jod und einem Pflaster gekonnt wie ein Mannschaftsarzt versorgte. Danach war Auslaufen angesagt.

„Kennt ihr die Geschichte vom Rattenfänger?", fragte der Trainer.

„Das war doch der Straßenmusikant, der Flöte gespielt hat. Eigentlich sollte er Ratten fangen. Und weil er zu wenig Kohle für die Ratten gekriegt hat, hat er die Kinder entführt oder so ähnlich …", wusste Achmed.

„Ja, so ähnlich!", sagte der Trainer lachend. „Und ich bin jetzt euer Rattenfänger."

Er verteilte Bälle und erklärte das Spiel: Sie mussten dicht beisammen bleiben und kreuz und quer über den Platz dribbeln. Der Trainer war der Rattenfänger, dem die Dribbler folgten.

Thomas Reichert machte plötzliche Kehrtwendungen und bestimmte auch die Geschwindigkeit.

„Mist!" Jan hatte beim Tempowechsel nicht aufgepasst und trabte auf einmal hinter seinen Mannschaftskameraden her.

„Mein Ball, mein Ball", nölte er und schloss auf.

„Oh, ich habe ja auf einmal zwei Bälle", griente Achmed.

„Unser Doppeldribbler", kreischte Dragan.

Achmed spielte eine Kugel mit der Hacke zu Jan, der nicht aufgepasst hatte. Das Leder rollte an ihm vorbei. Jan drehte sich um und erschrak. Was hatte der Kopfschüttler schon wieder hier zu suchen? Der Mann hielt zwei Kartons in den Händen. Jan rief nach dem Trainer.

Die Lederkugel kullerte vor die Füße des Mannes. Er holte mit dem rechten Bein aus, streifte das Leder mit dem Außenrist und kippte nach hinten weg. Dabei gab er die beiden Pappschachteln nicht aus den Händen.

Thomas Reichert half dem Mann auf die Beine. Er bedankte sich und meinte, er habe früher auch einmal Fußball gespielt. Aber anscheinend sei er ein bisschen aus der Übung. Er lächelte verlegen und streckte dem Trainer die Kisten entgegen.

„Ihr mögt doch hoffentlich Mohrenköpfe", sagte er.

„Immer!", sagte Patrick und langte als Erster zu. Dann stürzten sich alle auf die Süßigkeiten. Für Thomas Reichert blieb nur noch die leere Packung übrig. Der Mann verabschiedete sich.

„Dann bis zum nächsten Training", meinte Patrick und wischte sich über den Mund.

Im Vereinshaus redeten sie über das nächste Match. Für die Dribbel-Kids war es ein besonderes Match, denn es ging ja gegen den SV Rasensport, also auch gegen Harry und die anderen vom Birkenweg.

„Ich hoffe, dass wir gegen den SV Rasensport ohne Pech und Pleiten über die Runden kommen", sagte der Trainer. Er nannte die Mannschaftsaufstellung. Alex durfte wieder vor der Dreierkette „Ballabsauger" spielen.

„Marius und Nicky spielen auf außen", fuhr Thomas Reichert fort.

„Also auf den Außenbahnen", sagte Alex besserwisserisch.

„Ja, auf den Außenbahnen", seufzte der Trainer.

Alex fühlte sich geschmeichelt, bekam aber gleich einen Dämpfer verpasst.

„Oder doch lieber nicht auf den Außenbahnen?" Thomas Reichert lachte bubenhaft.

„Doch, doch", meinte Alex. „Damit wir eine Flügelzange haben.

„Geflügelzange", kicherte Achmed.

„Außenbahnen", wiederholte der Trainer abfällig. „Jeder Schlaukopf im Fernsehen redet von Außenbahnen. Und was ist eine Außenbahn?"

„Links und rechts", wusste Alex.

„Logisch!", unterstrich Patrick.

„Quatsch ist die Außenbahn!", meinte

Thomas Reichert. „Die Außenbahn ist, wenn man es genau nimmt, außerhalb des Spielfeldes. Also der Platz für den Linienrichter!"

Alex kratzte sich am Hinterkopf: „Und warum sagen die Reporter und Trainer im Fernsehen immer *Außenbahn*?"

„Das wüsste ich auch gerne", sagte der Trainer. „Irgendeiner hat das halt mal so gesagt. Und nun plappern es alle nach."

Alex wirkte sehr nachdenklich.

„Und was ist nun mit der Geflügelzange?", wollte Achmed wissen.

„Marius und Nicky nehmen die Rasensportler in die Zange", unterstrich der Trainer. „Dragan und Patrick gehen in die Spitze. „Achmed und Jan ziehen im Mittelfeld die Fäden. Diesmal spielen wir voll auf Angriff!"

Alex lagen Einwände auf der Zunge. Er hätte es lieber gesehen, wenn noch ein oder zwei Mann die Abwehr verstärkt hätten. Er schluckte die Zweifel runter.

„Auswärtssieg!", begann Achmed mit verstellter Stimme.

„Auswärtssieg!", schloss Aldo sich mit einer Brummstimme an.

Und schließlich fielen die anderen mit Gruftstimme in sein Gebrumme ein.

Achmed hatte wieder ein Plakat gemalt. Diesmal reisten eine Menge Fans mit: Buddy Kluge, Katrin und Martin, Patricks Vater, Dragans Eltern und Herr Yüksel. Alle unterstützten die Wasserfelder beim Auswärtsspiel gegen den SV Rasensport. Auch der Bus machte keine Zicken. Während der Fahrt wurde wenig gesprochen und überhaupt nicht gesungen. Jeder dachte wohl dasselbe: Würden sie sich wieder blamieren?

Eine Dreiviertelstunde vor Spielbeginn hielt der Bus vorm Clubheim der Rasensportler. Die schweigsame Truppe zog sich um. Beim Aufwärmen fiel kein Wort. Die Passkontrolle verlief in andächtiger Stille.

„Kommt mal alle her!" Der Trainer winkte sie kurz vorm Anpfiff zu sich. Sie bildeten einen engen Kreis, beugten sich weit nach vorn, legten die Hände aufeinander und brüllten im Chor: „Auswärtssieg!"

Harry schaute grinsend zu und brüllte: „Alles fauler Zauber!"

Seine Freunde lachten fies.

Der Schiri führte die Mannschaften auf den Platz. Alex gewann die Platzwahl. Er befeuchtete den Zeigefinger und prüfte, aus welcher Richtung der Wind wehte. Dabei war es fast windstill. Trotzdem entschied er sich, mit dem Wind im Rücken anzufangen.

Die Rasensportler durften anstoßen: Ein Rückpass, der viel zu schwach geschossen war. Dragan eroberte das Leder, schob es mit dem Innenrist zu Jan, der mitgelaufen war. Als er angegriffen wurde, schlug er die Pille zur rechten Flügelzange. Marius sauste die Linie entlang, überlief einen Rasensportler und flankte in den Strafraum. Patrick nahm die Lederkugel mit der Brust an. Ein Abwehrspieler funkte dazwischen. Die Gefahr schien gebannt. Aber Dragan preschte dazwischen und kam in Ballbesitz.

Jan und Achmed standen frei. Dragan drehte sich mit dem Ball am Fuß um die eigene Achse und zog ab: ein Flachschuss in die linke Ecke. Tim flog nach dem Ball. Der SV-Keeper berührte das Leder noch mit den Fingerspitzen: 1:0 für den SV Wasserfeld.

Dragan ballte die Faust und lief still zum Anstoßkreis. Auch seine Mannschaftskameraden jubelten nur verhalten. Die Rasensportler legten einen Zahn zu und versuchten mit schnellem Kurzpassspiel den Erfolg. Bis zum Strafraum der Wasserfelder klappte es auch hervorragend. Aber an der Strafraumgrenze wurden sie meistens von Alex abgefangen.

Er schien im Voraus zu ahnen, wohin der Ball gehen sollte. Wenn er doch einmal zu spät kam, waren Pit, Aldo oder Lars zur Stelle und klärten. Sie schlugen die Pille nicht einfach nach vorn, sondern suchten Achmed oder Jan. Beide boten sich in der eigenen Hälfte an. Sie waren die Bindeglieder zwischen Abwehr und Sturm.

Manchmal klatschte Alex Beifall, so zufrieden war der Kapitän heute mit dem Spiel seines Teams.

Nach einer Ecke fiel sogar das 2:0. Patrick erwischte den Ball am kurzen Pfosten und drückte ihn mit dem Knie über die Torlinie.

Diesmal jubelten sie schon wilder. Und Achmed sprach sogar das Zauberwort aus: „Auswärtssieg!"

„Weiter so", brüllte Thomas Reichert.

„Für alle Döner und Cola bis zum Abwinken!", rief Herr Yüksel und umarmte Buddy Kluge.

In der Halbzeit gab es keinen Grund zu meckern. Eigentlich hätte man auch nicht auswechseln müssen. Aber es wäre halt nicht fair gewesen, wenn Felix und Roby nur zum

Zuschauen mitgereist wären. Wer sollte für die beiden Platz machen? Der Trainer schaute jedem ins Gesicht.

„Geht jemand freiwillig raus?", fragte er.

„Wenn es sein muss", sagte Pit.

Der andere „Freiwillige" war Nicky, der auf einmal über Magenschmerzen klagte.

In der zweiten Hälfte setzte Harry zu einem Alleingang an. Reihenweise trickste er die Wasserfelder aus, bis er nur noch Christian vor sich hatte. Der Torwart rannte aus dem Gehäuse und warf sich Harry vor die Füße. Harry zog das Leder mit der Sohle zurück, legte es an Christian vorbei und schoss butterweich ins Netz.

Danach hatten die Rasensportler ihr Pulver verschossen. Die Wasserfelder hatten das Spiel im Griff. Dragan und Patrick verfehlten dreimal den Kasten. So blieb es bei dem knappen, aber verdienten 2:1 für den SV Wasserfeld. Sie fielen sich in die Arme.

„Auswärtssieg!", rief Achmed.

Bald kreischten alle mit und hüpften kreuz

und quer auf dem Rasen herum. Der Trainer und Herr Yüksel tanzten zusammen einen Siegeswalzer. Die Rasensportler standen am Spielfeldrand und wirkten nicht sehr glücklich.

Auf einmal löste Harry sich von seinen Mitspielern und lief auf Jan und Achmed zu.

„Na, ihr Glücksschweine", sagte er. „Aber freut euch nicht zu früh. Ihr wisst ja, man sieht sich im Leben immer zweimal."

„Na und?", meinte Achmed. „Von mir aus könnte morgen schon das Rückspiel sein …"

DER DRIBBEL-CLUB FUSSBALL-SERIE

H. G. Franciskowsky
Der Dribbel-Club
(Band 1)
Ein Fußballplatz muss her!

Günter Huth
Der Dribbel-Club
(Band 2)
Ein Trikot für starke Kicker

Herbert Friedmann
Der Dribbel-Club
(Band 3)
Kampf um den Pokal

Günter Huth
Der Dribbel-Club
(Band 4)
Patricks große Chance

Herbert Friedmann
Der Dribbel-Club
(Band 5)
Faules Spiel

Günter Huth
Der Dribbel-Club
(Band 6)
Jan zieht durch

Herbert Friedmann
Der Dribbel-Club
(Band 7)
Heimspiel für den Libero

Zauber-Detektive

ABENTEUER-SERIE VON
H.G. FRANCISKOWSKY

Zauber-Detektive (Band 1)
Die Jagd nach dem Superchip

Zauber-Detektive (Band 2)
Die Fälscherbande

Zauber-Detektive (Band 3)
Auf der Suche nach dem grünen Geist

Zauber-Detektive (Band 4)
Gefangen im Gruselzelt

Zauber-Detektive (Band 5)
Gespenster auf Burg Teufelsmoor

Zauber-Detektive (Band 6)
Das Geheimnis der fremden Masken